손계숙 제4 시집

그 안에 흐ㅠ

손계숙 제4 시집

그 안에 흙

예솔

차 례

시인의 말 05

프롤로그 (prologe) 06

축하의 글 (이유식) 07

축하의 글 (강순구) 09

축시 (서비아) 11

작품해설 12

시와 찬미와 신령한 노래들로 서로 화답하며

너희의 마음으로 주께 노래하며 찬송하며

(엡5:19)

시인의 말

명상과 침잠, 번민을 거듭하며 10년 만에 네 번째 시집을 낸다. 시는 쓸수록 어려우며 시다운 시를 독자 앞에 드려야 하는데 부끄러움과 두려움이 앞선다. 그동안 일상에서 보고 느낌을, 한 올 한 올 엮은 시편들은 나의 민낯이기에 더욱 가슴을 여미게 한다. 나름대로는 게을리 하지 않았던, 언어를 형상화하는 작업! 쓰기 위해서 추억을 시로 승화시킨 이 시가 독자에게 조금이나마 위안이 되었으면 한다. 겸손한 마음으로 지난날의 사색들을 묶어 품에서 내려놓는다. 파란 자유함을 꿈꾸며 한 마리 작은 새가 되어 날아본다.

출판 편집에 있어서 원로 문학평론가이신 이유식 교수님, 류재엽 교수님의 수고하심에 깊은 감사를 드린다. 강순구 목사님, 서비아 시인님의 36.5도 체온을 잊을 수 가 없다. 사랑하는 나의 하나님께 모든 영광을 올려 드립니다.

2019년 새해 초영 쉼터에서 손 계 숙

프롤로그(prologe)

비재박덕하여 부족함 많으나
하늘을 우러러 부끄러움 없는 길을
가고 있기에 마음 가벼웁다
나는 주님을 사랑하는
충직한 종
주님 기뻐하시는 일 하면서
남은 여생 행복하게 살고 싶다
늘 겸손한 마음으로
나를 바꾸며
비우며, 낮추며
모두를 사랑하며 살아가리
틈틈이
시 밭도 부지런히 일구며
시다운 시를 쓰기 위해 촌음을 아끼리
늘 기도하는 마음으로
오늘을 경작하며
두루 춘풍이 되리.

축하의 글 - 폭넓고 깊은 사랑 정신의 구현

청다 이 유 식

(평론가 · 한국문인협회/국제펜클럽한국본부 고문)

손계숙 시인과 나와는 겹겹의 인연과 연고가 얽혀 있다. 태어난 고향(산청)이 같고, 한때 사는 동네(강남구)가 같았으며, 진주교육대와 진주고 출신이란 학업의 연고지도 같다. 뿐만 아니라 이런저런 연고로 문단활동 초기에는 손을 잡아준 인연도 있으며, 더욱이 내 큰아들의 혼사에 인연을 맺게 해준 다리 역할도 한 사연도 있다.

그래서 우리는 인간적으로나 문단적으로 그 누구보다도 가깝게 지낸다. 품성도 곱고 칭찬받을 만한 인성도 갖추고 있다. 이런 손 시인이 이번에 제4 시집을 내게 되었다니 우선 축하의 인사부터 보내며 기쁜 마음으로 이 글을 쓴다.

손 시인은 그동안 세 권의 시집을 내면서 이미 좋은 평가를 받아 비슷한 연조의 시인들 중에서 맛깔스런 시를 쓰는 시인으로 소문이 나 있다. 초기에는 거의 매년 연거푸 세 권의 시집을 뽑아내 그 열정도 과시했다. 그 후론 물론 시 장르 외에 다른 장르에 대한 관심도 보이고 있어 때때론 뜸한 시작 활

동이 한편 궁금하기도 했다. 그러던 차에 거의 10여 년 만에 제4 시집을 내게 되었으니, 비유적으로 말해 본인은 물론 그를 아는 사람들에겐 오랜 가뭄 끝에 단비를 만나는 격이구나 싶어 기쁘다.

물론 전작인 세 권의 시집은 일찍부터 이미 읽었기에 그 내용을 어느 정도 알고 있다. 이 시집과 전작 시집 사이에는 분명 상당한 변화가 있다. 한마디로 전작이건 이번 시집이건 크게 보아 '사랑 정신의 구현' 이란 큰 패러다임은 공통적으로 지니고 있다. 그렇지만 이번 시집에서는 그것이 더욱 심화, 확대되어 있기에 차별성을 보인다. 가령 자아에 대한 사랑, 자신의 삶에 대한 사랑, 자신의 시에 대한 사랑, 소중한 기독교인으로서 하나님을 섬기며 그 사랑의 삶을 노래하고 있는 점이 특징 중의 하나도 된다. 나이에서 오는 영적인 삶의 간구와 그 지향성이 속세의 때를 씻어주는 시적인 세례성사도 될 수 있어 전작과는 확연한 차별성을 보이고 있다.

끝으로 앞으로도 더없는 하나님의 사랑과 은총을 받으며, 또 더 한층 격조 높은 시집을 보여주길 기대하며 다시 한번 축하의 말을 전하는 바이다.

2019년 새해 대치동 청다재에서

축하의 글 - 손계숙 시인님 네번째 시집 출간을 축하드리며

강순구(목사 시인)

'그 안에 휴' 라는 손계숙 시인님의 네번째 시집이 뜻깊은 새 해를 맞아 그동안 창작한 시들을 모아서 하나님 앞과 세상 가운데 독자들과 만나게 되었습니다.

너무도 많이 부족한 저에게 축하의 글을 부탁해 주신 손계숙선생님께 존경과 감사의 마음으로 축하의 편지를 드립니다.

많은 시간을 기도와 고민속에 쓰고 지우기를 반복하면서 주님의 사랑과 평안과 위안이 넘치는 따사로운 시로 탄생을 하게 되심을 축복합니다.

한발자국 한발자국 걸어온 날, 지나온 시간들이 시한편 한편 속에 묻어나는 향긋한 내음은 위로는 하나님을 사랑하고 그 사랑으로 이웃들과 만물을 하나님의 사랑으로 품어내어 향기로운 생명의 내음나는 작품집을 내셨습니다.

새벽 이른 시간에 하나님의 말씀을 묵상하고 기도 하면서 아름다운 시어를 통하여 써내려간 네 번째 시집을 내시게 되심을 다시 한번 진심으로 축하를 드립니다.

오늘날 메마르고 사랑이 식어 미움과 어두움이 기승을 부리는 이때에 손계숙시인님의 사랑의 시, 믿음의 글을 음미하는 것은 팍팍한 삶에 풍요로움과 여유로움과 따뜻함을 지니는 일에 도움이 될 것입니다.

이 시집속에 손계숙시인의 인생과 신앙과 삶의 향기가 고스란히 담겨져 있습니다.

새로운 봄을 맞이하는 대자연의 향연 앞에 한 점의 부끄러움 없이 태동하는 새싹과 온갖 생명들의 생기로 소생하는 만물과 손계숙 시인의 시집과 함께 어우러져 행복하길 기원해 봅니다.

축시 - 쌍 무지개 뜨다

가은 서비아 시인

하늘
저 멀리 길
어스름한
서녘 놀이 풀칠한다
밋밋한 구름
나부끼는 날

두 팔 벌려
하늘길 내려
눈이 시린 구름 한 자락

초승달 원반 위에
고이 걸어둔 꽃다발

축복에 통로
주님이 주신
언약의 증표

하늘에 쌍무지개가 뜨다.

작품해설

서정적 자아와 시(詩적) 향기 - 류재엽 (문학평론가)

1.

시는 인간의 내면을 통찰하는 문학 양식이다. 다시 말해 시는 인간을 말함에 있어 직접적인 표현보다는 여러 가지 장치를 통해 인간의 존재가치와 내면세계를 그린다. 따라서 언어의 기교성을 중시하고 그 가운데 감동과 정서 전달이라는 장치를 마련한다.

이런 이유로 언어를 표현 재료로 하는 문학 가운데서도 시는 절대적인 언어의 조탁(彫琢)이 필요한 양식이다. 그것이 때로는 비유와 상징으로 나타나기도 하고 아이러니와 패러독스로 형상화되기도 한다.

시인은 언어의 연금술사가 되어야 한다. 시인은 상상력을 동원하여 잘 정제된 언어로 시적 대상을 인식하고 그것을 이미지화한다.그 리고 독자는 거기에서 시인과의 정서적 교류를 갖게 된다.

중견시인 손계숙의 네번째 시집 작품해설을 위해 앞서 출간된 시인의 「사랑초」와 「맨살의 그리움은 별빛 되어 흐르고」를 살펴보았다. 그러면서 손 시인이 언제나 잘 정제된 언어를 통해 자신의 시적 에스프리를 표현하는 작가라는 점을 알 수 있었다.

처음에는 세권의 시집 제목을 보면서 손 시인의 시가 사뭇 도발적인 애정 일변도의 것일 수도 있다는 생각을 했다. 그러나 그것은 기우였다. 그네의 시를 대하면서 손 시인이 얼마나 맑고 투명한 서정적 자아를 지니고 있는가를 알게 되었다. 서정적 자아란 시인이 시적 대상을 향해 순수한 내면성을 투사시켜 그것을 내부에서 비밀히 소화시키는 과정에서 나타난다. 즉 서정적 자아는 주관과 객관의 상호작용을 통해 시의 물화(物化)를 거부하는 시적 자아라고 말할 수 있다. 물화에 대한 거부는 대상에 대한 사랑의 마음에서 비롯된다. 그 사랑의 대상은 자연일 수도 있고, 가족일 수도 있고, 이성일 수도 있고, 자신일 수도 있다. 손 시인은 이 모두를 사랑하는 사람이다.

그것은 이미 세권의 시집 해설에서도 잘 나타난다. 시인 성기조는 손 시인을 가리켜 "추억을 주제로 한 과거 회상과 정제된 사랑을 시적 언어로 제어하는 인내와 자연과 한 몸이 되는 동화의 경지 등을 즐겨 다루고 있다."고 했고, 평론가 이유식은 손 시인의 사랑의 정체를 '친자연'과 '애국'이라고 규정한 바 있다. 여기에서 우리는 손 시인이 사랑의 시인임을 알게 된다.

2.

시집 제목을 보고 나서 느낀 점은 이번 시집에 수록된 작품의 주제 역시 사랑이라고 생각했다. 시인이 사랑하는 대상은 다양하다. 그 사랑의 실체를 살핀다면 시인이 지닌 시에 대한 사랑이 가장 우선된다는 사실을 알 수 있었다.그리고 다음에는 어머니에 대한 사랑이다. 또 시인은 자연에 대한 사랑과 더불어 자신의 삶에 대한 사랑, 이성에 대한 사랑을 노래한다. 한 마디로 요약한다면, 이번 시집의 지배소(支配素)는 사랑이다.

먼저 「시의 향기」를 보면, 시에 대한 손 시인의 애정이 얼마나 지대한지를 알 수 있다. 우리들 누구에게나 있었던 어린 시절의 회억이 이제 손 시인에게는 시적 이미지로 승화되어 있음을 알 수 있다.

하얀 낮달이 멱감고 있다
멱감던 강물에서 놀던
나의 시가
바다로 가던 날
적삼섶은
파랗게 떨고 있었다

적삼 위로

반복된
설레임과 두려움이
첫밤처럼 내려앉고
마음의 뿌리는
등불을 밝히며
신선한 시를 묻다

-「시의 향기」 전문

'하얀 낮달이 멱을 감는' 강물에서 낮달과 함께 자맥질하던 어린 시절에 대한 시인의 추억은 '적삼섶이 파랗게' 떨림, 그리고 설레임과 두려움이었다. 이제 어른이 된 시인은 그 떨림과 설레임과 두려움을 버리지 않은 채 그것을 시로 형상화한다. 그래서 시인은 밤새워 등불을 밝히며 시의 육화(肉化)를 이룬다. 이렇게 육화된 시는 또 다시 떨림과 설레임과 두려움을 보여 줄 수밖에 없다. 이는 시인의 일생 동안 가치관의 바탕이 된다. 자연히 시에 대한 시인의 사랑이 더욱 치열하고 남다를 수 밖에 없다. 그 사랑은 어린 시절의 추억과 시인을 감싸고 있는 주위의 대상에서 나타나 보인다.

떨림과 설레임과 두려움을 지닌 시인의 삶이 향기로운 것처럼 시인의 작품에서도 향기가 번져 나온다.

사랑의 강 일렁인다
물안개 서성이는
잠실나루 선착장에서

나
그리움 한 입 베어 문
한 편의 시가 되리

강변엔 노을이 타고 있다
타오르다 꺼지지 않는
노을의 불씨로 남아

나
한 편의 시를 읊조리고

소라귀 간질이는
신들린 음악에 취해

나
아픔을 다독여 주는
넉넉한 어둠이 되리

선착장엔
오갈든 잡목처럼
가을이 떨어지는데

새똥처럼 지워지지 않는
그리운 이름 하나
내 삶의 넝쿨 속으로
한사코 여물어 가고 있다.

-「잠실 유람선 선착장에서」 전문

왜 시인은 이 작품의 제목을 「잠실 유람선 선착장에서」라고 하였을까? 그건 이 시가 지니고 있는 편안함을 생각하면 알 수 있지 않을까 생각한다. 잠실 선착장 유람선에서 바라보는 한강의 강물은 아름답고 평화로운 이미지를 나타낸다. 이런 강물의 이미지는 시인을 삶의 정화작용을 하게 마련이다. 시인의 삶마저 아름답고 평화로워지게 만드는 존재가 사랑을 실어 나르는 강물이다.

깨끗하고 평화로운 이미지는 '사랑의 강'과 '노을의 불씨'라는 구절에서 잘 나타난다. '사랑의 강'은 '신들린 음악'처럼 달콤하고 '노을의 불씨'는 '아픔을 다독여 주는 어둠'이 된다. 사랑과 아픔은 시인의 삶을 지탱하는 자양분으로

서 시인의 내부에서 단단한 시를 배태한다. 자연은 언제나 시를 읊조리게 하는 존재이다. 따라서 자연을 사랑함은 곧 시를 사랑함이요, 시에 대한 사랑은 시인의 삶을 여물게 하는 그리운 이름이 된다.

3.

우리 모두에게 모정은 영원한 화두이다. 모정은 고향의 이미지를 지닌다. 어머니와 고향은 우리에게 이 세상으로의 출발점인 동시에 영원한 마음의 회귀점이다. 우리에게 유년 시절의 고향은 안개에 가려 있는 아릿한 그리움의 대상이다. 거기에는 꿈이 있고, 동무가 있고, 이웃과 친척이 있다. 모든 어머니의 원형은 고향이다. 그래서 우리는 어머니와 고향을 생각하면 따스함과 그리움을 떠올린다.

그러나 시인은 어머니를 떠올리되 고향처럼 따뜻한 품을 내어주는 어머니보다는 산고와 인내의 삶을 산 어머니를 그리워한다.

강물살 가르며
분사되는 은어떼

눈부신
산란의 꿈 풀어내는

모정의 노래를
그대 아시나요

수초의
살점 찢기워진 인내로 핀
허기진 그리움을
그대 만져 보셨나요

존재함의 언저리엔
가슴을 떠나가는 계절의 아픔과
초산의 진통을 견뎌낸
투명한 약속이 있음을
그대 아시지요

바람이 강 끝에서 쉬고 있을 때
감전된
밀어로 다가와서
내 곁에 지켜 주는 이

-「가족 · 2」 전문

은어는 민물에서 부화하고 나면 먼 바다로 여행을 떠난

다. 후에 자신이 산란할 때가 되면 다시 자신이 태어난 곳으로 회귀한다. 거친 강을 역류하여 마침내 산란을 마치고 수정이 끝난 다음 그곳에서 생을 마친다. 종족을 보존하기 위해 거친 물살을 거슬러 올라가다 보면, 살점이 찢기고 비늘이 떨어져 나가지만 알을 낳기 위한 일념으로 이런 고통도 마다하지 않는다.

은어의 행동은 어머니의 삶을 닮았다. 자식을 낳기 위해서 죽음을 무릅쓴 진통을 견디어야 하는 것은 물론이고, 자식을 기르고 그 자식이 잘 되기를 소망하는 어머지의 사랑은 영원하다. 그 행위는 참으로 눈부시다. 그런 어머지의 사랑을 조금이라도 깨닫게 된다면, 우리 역시 어머니를 사랑할 수밖에 없다.

그렇기 때문에 시인은 진통의 아픔을 '눈부신/ 산란의 꿈 풀어내는/ 모정의 노래' 라고 이야기한다. 그건 자식의 '존재' 를 위한 '투명한 약속' 이기에 더욱 상찬받아야 될 일이다. 그뿐 아니라 딸자식인 '바람이 강 끝에서 쉬고 있을 때' 그 딸에게 다가와 '감전된 밀어로/ 내 곁을 지켜주는 이' 가 바로 어머니라는 존재이다.

세모시 올처럼
하늘빛이 열리는 아침
패인 세월의

두께를 헤집고

숨쉬고 있는

흑백사진 한 장

희로애락의 성상을

등뒤에 감춘 채

인내가 다림질된 행주치마 두르고

준열한 삶을 털어내셨던

어머니

항상 침묵의 빛깔로 속내를 삭이며

바람 한 자락 떨구고 간 사랑내음

앞에 선 당신

컬러사진 속의 딸을 보신다

삶의 끝에 이는 바람

추연한 하늘 저 켠 빗살 그으며

내 중심에 서 계신

어머니

-「어머니」 전문

고향은 그리움으로 채색된 하나의 풍경화다. 그리고 그 속에는 빛바랜 '흑백사진'마냥 어머니가 앉아 계신다. 채색화보다는 오히려 흑백사진이 우리의 정감을 자극할 때가 많다. 거기에는 세월의 두께와 바람의 무게가 담겨 있기 때문이다.

어머니는 '희로애락'을 세월의 뒤에 감춘 채 '인내'로써 '속내를 삭이며' 살아 나왔지만 자식은 '사랑'으로 대했다. 비록 흑백사진처럼 바랜 어머니의 삶이지만 그런 어머니를 컬러사진과 같은 삶을 사는 딸은 닮고 싶어 한다.

4.

현대인은 고향을 상실했다고 흔히들 말한다. 그 이유로는 도시의 팽창화와 문명의 고도화를 든다. 도시화와 문명화는 인간 정신을 고갈시키고 물질주의와 도시산업화는 인간성을 황폐화시켰으며, 우리의 영원한 안식처인 고향을 빼앗아 가고 말았다.

예이츠는 「이니스프리의 호도(湖島)」에서 자신의 고향인 이니스프리 섬을 지금은 갈 수 없는 이상적인 공간으로 문명과 대비되는 곳으로 인식하고 있다. 이니스프리 섬을 떠난 지금은 '한길 위에서 있거나 회색 포도 위에 서 있을 때면' 고향으로 돌아가고 싶은 자신을 염원했던 것이다.

이처럼 문학에 나타난 고향의식은 언제나 따뜻함, 그리

움, 기다림, 평화의 정서로 나타난다. 다음 작품에서 시인의 고향은 '하얀빨래'로써 서정적 자아를 획득한다.

뒷산
아카시아 우윳빛 향기가
하얀 옷자락에 앉는다

거꾸로만
달리고 싶은
하얀 열차의 소망

소금 같은
삶을 짜서 널어 놓은
순백의 노래가

손뼉치고
때 씻은 속 다독이며
젖은 눈인사를 보낸다

시간도 잠시 누워
쉬는 뜨락

뜸

뜸

유년의 추억을 말리며

광대처럼

춤추고 있는 그대

-「고향마을 빨랫줄」 전문

시인의 고향은 온통 흰빛으로 추억된다. 시인에게 하얀 아카시아 꽃과 하얀 열차, 하얀 옷자락은 고향을 상징한다. 백색의 이미지는 죽음과 슬픔과 고독과 순수이지만, 그 가운데에서 시인은 고향을 그리워하듯 그 고독과 순수마저 사랑한다. 고독과 순수는 유년시절과 환치된다. 그래서 시인은 '거꾸로만 달리고 싶은 하얀 열차' 를 욕망한다. 한편 시인은 고향마을의 빨랫줄에 '소금같은 삶을 짜서 널어놓은' 하얀 빨래가 '광대처럼 춤추고' 있는 유년을 추억한다. 그것은 단순한 유년시절에 대한 회억이 아니라 어른이 된 지금에도 '때 씻은 속' 이 '하얀 빨래' 처럼 깨끗하고 순수하기를 바라는 시인의 마음이다.

5.

시인은 사랑이라는 존재가 얼마나 운명적이고 얼마나 큰 것이라는 걸 알면서도 결코 영원한 인연이 될 수 없음을 이야기한다.

그럼으로써 시인은 첫사랑이 차라리 자신에 대한 사랑이기를 바란다.

첫사랑처럼

살아 쉽젖은
　곽목이
향으로 와서

살 속으로
내 살 속으로
파고드는 순결의 미학

떠남의
짧은 동행이 있는
미뉴에트의 입맞춤이었다.

-「첫눈 오는 날」 전문

시인에게 첫사랑은 첫눈처럼 다가온다. 여기에서 첫사랑은 시인 스스로의 삶에 대한 사랑이다. 시인은 자신의 사랑이 '향기'롭고' 순결'하며, '미뉴에트의 입맞춤'처럼 되기를 소망한다. 그 사랑은 시에 대한 사랑이요, 어머니에 대한 사랑이면서 자신의 삶에 대한 사랑이다.

이 시는 이미지즘적 기법이 잘 드러난 작품이다. 향기와 순결과 입맞춤으로 연결되는 이미지는 첫눈의 의미를 되새기게 하는 효과를 보여 준다. 시행은 10행으로 비교적 짧은 시에 속하지만 행간 속에 시적 화자의 감정을 깊이 숨겨두고 있다.

지금까지 필자가 이 글을 쓰면서 느낀 것은, 한 마디로 시인 손계숙은 크나큰 서정적 자아를 지니고 있고, 그 바탕에는 사랑이 자리잡고 있다는 점이다. 그네는 그 사랑의 마음을 시로 형상화한다. 그렇기 때문에 우리는 그네의 시에서 피어나는 사랑의 향기를 맡을 수 있다. 사랑은 자신의 시에 대한 사랑이요, 어머니와 고향, 자아에 대한 사랑 그리고 남성에 대한 사랑으로 나타난다. 결론적으로 말해 손계숙은 타고난 사랑의 마음을 지닌 사랑의 시인이다.

그리고 그의 시는 사랑의 향기로 가득하다.

제1부 어머니

여백의 아름다움 美 32
꽃 칼랑코에 33
스마트폰 35
바람이 되어 길 물으며 37
위대한 탄생 - 산부인과 산실에서 39
선운사 초록 숨소리 41
데자뷰 - 현대시조 43
인생 - 살아가며 44
아! 그 충성 새로워라 46
일 십 백 천 만 법칙 48
잠실유람선 선착장에서 49
시의 향기 51
가족 · 2 52
어머니 54
고향마을 빨랫줄 56

제2부 그 안에 휴(休)

주님의 은혜 · 1 60
주님의 은혜 · 2 61
주님 향기 62
오! 주님 64
한마음비전교회에서 65
정감하는 아름다운 생활 67
그 안에 휴(休) 68

인연 - 아름다운 노을 69
경춘선 열차 안에서 71
훗날에 72
고백 74
미뉴에트 춤 - 눈이 내리네 75
까치의 노래 77
〈축시〉 그대 안의 새 78
매화 - 사랑은 봄꽃처럼 80
걸어서 하늘까지 81

제3부 찻잔앞에서

벚꽃 지던 84
봄의 향기여 85
밤 86
사랑법 87
찻잔 앞에서 - 현대시조 88
촉석루에서 남강을 바라보며 89
말복풍경 91
그리움 · 1 92
그리움 · 2 93
아! 3 · 1절 함성이여 94
해야 솟아라 95
예성이 · 예나 96
코스모스 97
거울 앞에서 98
15일간의 사랑 99

제4부 영덕앞바다

한강야경 102
영덕 해맞이 공원에서 104
대구일보 〈칼럼〉 '빛과 사랑'의 에너지 106
그 섬에 가고 싶다 108
가을의 노래 110
동행 111
봄날愛 112
연포 갯벌 · 1 113
연포 갯벌 · 2 114
큰 바위 얼굴을 바라보며 116
시간 속에다 봄을 담으며 118
영덕 앞바다 119
봄이 오는 소리 120
장마 121
바람이고 싶다 122

제5부 백두산

트레비 분수 124
괌, 사랑의 절벽 125
마나가하 섬 126
빅토리아 피크 128
오사카 맛의 도시 129
자금성에서 130
백두산 131
마젤란 해협을 건너며 132

파리의 낭만 134
가을이 열리다 136
단풍 절정 138
아리 아리랑 139
청계천에 가면 140
화도읍 마석 장날 142
이제야 사랑인 것을 - 가곡시 143

제6부 詩, 그대여

詩, 그대여 146
빈 가슴에 피는 연가 147
지금 우리는 148
햇살이 되어 149
친구 150
세월속으로 - 화엄 152
입춘풍경 153
농사짓는 자라돔 155
텃밭 일기 157
매미의 구애 158
첫사랑처럼 159

제1부

어머니

여백의 아름다움 美
꽃 칼랑코에
스마트폰
바람이 되어 길 물으며
위대한 탄생 - 산부인과 산실에서
선운사 초록 숨소리
데자뷰 - 현대시조
인생 - 살아가며
아! 그 충성 새로워라
일 십 백 천 만 법칙
잠실유람선 선착장에서
시의 향기
가족 · 2
어머니
고향마을 빨랫줄

여백의 아름다움 美

경계없는 온기로
온유한 너를
무엇이라 이름하면 좋으랴

언제나
나를 뉘일 수 있는 쉼이 있는
그대 있기에

무장무애 길어올린 외로움이 다소
있을지라도
나는 봄날이다
봄 향기 매달고 거리로 나온 악사다

너의 여유로움을
사랑이라 이름하면 어떠랴
너의 비움을
자유라 이름하면 어떠랴.

꽃 칼랑코에

삶의 고요를 건져올린
젖은 눈망울 속에
물살 여울지는 사랑 담겨있네

박꽃같은 웃음 속에는
흐르는 파도소리 있고
야생화 꽃 향기와
아름다움 출렁이네

세월의 강 건너오면서
희노애락에도 흔들리지 않고
햇빛 실오라기 치렁치렁 넘치는 너

농염이 익어서 뚝 떨어지는
너는 인기, 설레임이다.

낮추는 겸손을 반복하며
어디에도 잘 어울리는
앉은뱅이같은 꽃이여.

* 칼랑코에: 인도양에 있는 마다가스카르 섬이 칼랑코에 고향이다.
아름답고 사철 꽃피며 꽃말은 인기, 설레임이다.

스마트폰

여명의 새날
기도와 함께
극동방송 앱을 고정시키고
아침을 여는 시간 행복하여라

중지로 톡하며
눈으로 확인하는
카톡방과 인터넷 다음

나라의 국경도 허물고
광속초 빛으로 다가오는
퍼펙트한 무한대 이념
물음에 정답을 알려주는
만물박사, 백과사전이다

검지로 또 톡하면
쏟아져 나오는
따끈따끈한 세상정보들

남은 여생 나와 동행할
연인같은 스마트폰이여…

바람이 되어 길 물으며

나
하늘을 우러러
한 점 부끄러움 없는
바람이 되리

길 잃은 송아지
엄마 소 찾아주고
봄비에 하냥 젖은
풀꽃 이마 닦아주는

가뭄에 목말라 울부짖는
애기똥풀, 가슴 흥건히 적셔주는
단비같은 바람되리

가을 별 쏟아지는 들판에서
한 땀, 땀방울로 결실 일궈가는
농부의 땀 식혀주는 바람이 되고

눈보라 겨울 길목
외로움에 서성이는 이들에게
난로같은 훈풍이 되리

상처입은 영혼
아픔을 다독여 주는

나
하늘을 우러러
한 점 부끄러움 없는
청아한 바람이 되리.

위대한 탄생 - 산부인과 산실에서

바람에 피어나고
바람에 이우는 것이
시간 쌓인 세월이던가요

고요한 어머니
양수의 바다에서
미완의 시간, 견뎌내며
꽃길 열릴 때까지
나는 부지런히 노를 저었지요

시간이 물결칠 때마다, 어머니 숨결을 타고
양수의 바다 유영했다오

아카시아 꽃잎 흩날릴때는
피카소 그림 '아비뇽의 처녀들' 을 감상했고
계곡의 바람소리, 물소리 벗하며
비발디 사계 음악에 젖어 행복했다오

아름다운 꽃길 열리던 그날
비로소 세상이 보였다오

내 영혼의 삽작문이 열리던 그 순간
어머니와의 교감속에서
한 생명체로 탄생했다오

눈부신 첫 울음
소중한 첫 호흡으로…

이제는
들숨 날숨 부지런히 해가며
세계지도 그려대는 나는 생명체가 되었다오

축복속에서
사랑 받으며
사랑을 배워가는 생명

오! 황홀한 탄생이여.

2017. 7. 7.

선운사 초록 숨소리

머잖아
해 담은 희망가 번져 오를
그 날을 위해
목타는 세상일 잠깐 내려놓고
선운사로 가자

억만 겁(劫)을 돌고 돌아
부러진 시절
다시 보듬으며 핀,
낭자한 동백의 영혼
가슴 며지게 물그녹는 그곳

안으로
안으로만 곰삭혀온
댕댕한 동백이 뱉는 언어
세파에 뭉툭해진 바람과, 한 몸 되어보게
우리 선운사로 가자

댓바람에 금빛 눈길 털고
남루한 겁(劫)을 풀고
눈가에 앉은 번뇌 씻고

순간을 지냈어도 천 년을 쌓는 듯한
고통에서 건져낼 '한 마디 법어'
우리 가슴에 담아오자.

데자뷰 - 현대 시조

본듯한 낯선 길에 또 하나의 길이 있다
통돌이 목을 뽑아 노래하는 길을 가면
길 넘어 행복한 유년엔 어머니가 계셨네

분칠한 낮달 건너 울 밑 처녀 봉숭아꽃
사랑채 아버지는 한 획 한 획 난을 칠 때
산 넘어 소쩍새 울음 별자리로 잠들고

얼마를 추슬러야 금강경에 닿을런지
고사목에 걸려있는 저녁연기 포근한 밤
처처에 고혹한 향취 고향집이 그립네.

인생 - 살아가며

멋진 제복을 입고
삶이란 키를 잡은 마도로스
오늘도
삶의 망망한 바다를 항해한다

하늘과 맞닿은 바다 건너면서
잔잔한 파도와 함께
웃기도 했고
성난 파도가 산처럼 휘몰아칠 때는
생명 끈 부여잡고 살려고 몸부림쳤다

인생은
희노애락을 반복하는
일기예보 같은 것

자르르 웃음피는 기쁨도 잠깐
가슴 후려치는 슬픔도 잠깐이니
우리
헤프게 웃지도 말고
아프다고 서럽다고 울지도 말자

인생은 그런 것
누구에게나 삶은 공평한 것
행복과 불행은 내 마음에 있는 것

슬픔은 날려 버리고
기쁨은 오래 간직하여
우리 행복하자

일상을 기쁨으로 환치시키며…

아! 그 충성 새로워라

세월의 징검다리
삶의 고요속에서
만나는 그리운 얼굴이 있다

희노애락으로 점철된
시간을 헤집고
말갛게 빛나는 이름이 있다

사계절 변치않는 소나무처럼
겨레와 나라위해, 목숨 바치신
호국영령들의 숨소리
아직 뜨거웁게 조국을 지킨다
우리 한시도 잊지 않은
임들의 충절, 임을 향한 사랑이여!

남과 북이 하나되는 통일의 그날까지
임이시여
조국을 지켜주소서
임들은 불멸하는
촛불의 상징!
아~그 충성 새로워라.

2017. 8. 6.「바다를 내놓은 고등어」엔솔리지 게제

일 십 백 천 만 법칙

주름진 얼굴에
바람이 금긋고 지나간 시간들
작은 하루를 내려놓으며
만들어 가고 싶은 행복

하루에
좋은 일 꼭 한번 하고
열 번 웃고
글씨 백 자 쓰고
책보며 천 자 읽고
만보 꼭 걸어서

노년을 건강하게…

잠실 유람선 선착장에서

사랑의 강 일렁인다

물안개 서성이는
잠실나루 선착장에서

나, 그리움 한 입 베어 문
한 편의 시가 되리

강변엔 노을이 타고 있다
타오르다 꺼지지 않는
노을의 불씨로 남아

나, 한 편의 시를 읊조리고

소라귀 간질이는
신들린 음악에 취해

나, 아픔을 다독여 주는
넉넉한 어둠이 되리

선착장엔 오갈든 잡목처럼
가을이 떨어지는데

새똥처럼 지워지지 않는
그리운 이름 하나
내 삶의 넝쿨 속으로
한사코 여물어가고 있다.

시의 향기

하얀 낮달이 멱감고 있다
멱감던 강물에서 놀던
나의 시가
바다로 가던 날
적삼섶은
파랗게 떨고 있었다

적삼 위로
반복된
설레임과 두려움이
첫 밤처럼 내려앉고
마음의 뿌리는
등불을 밝히며
신선한 시를 묻다.

가족 · 2

강물살 가르며
분사되는 은어떼

눈부신
산란의 꿈 풀어내는
모정의 노래를
그대 아시나요

수초의
살점 찢기워진 인내로 핀
허기진 그리움을
그대 만져 보셨나요

존재함의 언저리엔
가슴을 떠나가는 계절의 아픔과
초산의 진통을 견뎌낸
투명한 약속 있음을
그대 아시지요

바람이 강 끝에서 쉬고 있을 때
감전된
밀어로 다가와서
내 곁을 지켜주는 이.

어머니

세모시 올처럼
하늘 빛이 열리는 아침
패인 세월의
두께를 헤집고
숨 쉬고 있는
흑백사진 한 장

희노애락의 성상을
등 뒤에 감춘 채
인내가 다림질 된 행주치마 두르고
준열한 삶을 털어내셨던
어머니

항상 침묵의 빛깔로 속내를 삭이며
바람 한 자락 떨구고 간 사랑 내음
앞에 선 당신
컬러사진 속의 딸을 보신다

삶의 끝에 이는 바람
추연한 하늘 저켠 빗살 그으며
내 중심에 서 계신
어머니.

고향마을 빨랫줄

뒷산
아카시아 우윳빛 향기가
하얀 옷자락에 앉는다

거꾸로만
달리고 싶은
하얀 열차의 소망

소금같은
삶을 짜서 널어 놓은
순백의 노래가

손뼉치고
때 씻은 속 다독이며
젖은 눈 인사를 보낸다

시간도 잠시 누워
쉬는 뜨락

뜸
뜸

유년의 추억을 말리며

광대처럼
춤추고 있는 그대.

제2부

그 안에 휴(休)

주님의 은혜 · 1

주님의 은혜 · 2

주님 향기

오! 주님

한마음비전교회에서

정감하는 아름다운 생활

그 안에 휴(休)

인연 - 아름다운 노을

경춘선 열차 안에서

훗날에

고백

미뉴에트 춤 - 눈이 내리네

까치의 노래

〈축시〉 그대 안의 새

매화 - 사랑은 봄꽃처럼

걸어서 하늘까지

주님의 은혜 · 1

지금 이 순간도
살아 계셔서 역사하시는
주님

주님 은혜에 감사드립니다

생명주실 그날까지
세상 끝날까지
이 세상 오직 한 분
주님을 찬양하오며

영원히
주님을 사랑합니다.

주님의 은혜 · 2

광야에 길을 내시고
사막에 강을 내시는
주님!

여호와 이레로 예비하시고
에벤에셀로 도우사,
여호와 닛시로
승리의 깃발 들게 하시는
주님 은혜에

감사드리옵니다.

주님 향기

오늘
눈부신 빛으로 오신 주님
세상 만물 비추시며
우리에게 새 생명을 주십니다

오 주님!
당신은 우리의
희망이시며 생명이십니다
우리의
구원이시며 기쁨이십니다
때로는 험난한 세상길을 걸을 때
주님은 사랑으로 오시어
굽은길 펴주시며
주님 날개 속에 우릴 지켜주십니다

세상에 오직 한 분
주님 찬양하오며
우리가 살아 숨 쉬는 동안에
주님의 선을 따르겠습니다

경배와 사랑과 찬양의 길로
우리를 인도해 주소서

주님을 찬양하기에
영원도 너무 짧은 순간입니다

은혜로운 이 시간
주님의 향기가
온 누리 가득합니다.

2017. 9. 율림에서

오! 주님

나는 하나님의 종
오늘도
하나님의 도구로
귀하게 쓰임 받기를 원하네.

한마음비전교회에서

아담한 본당에 들어서면
'수고하고 무거운 짐 진 자들아
다 내게로 오라
너희를 쉬게 하리라'
하나님 사랑이 가득하네

예배때마다
삶에 지친 우리를 향한
목사님 설교 말씀은
잠든 영혼을 깨워주시네

새벽기도가 살아있고
목사님 기도로
병든자가 치유되고
성도가 복을 받는 이 곳

믿음의 삶이 세워지는 교회
건강한 교회
행복한 성도가 예배드리는 교회

주님 안에서
서로 사랑하며 섬기는
성령 충만한

아! 은혜로운 한마음비전교회.

* 한마음비전교회: 남양주시 화도 모란공원 입구에 있는 교회

정감(正感)하는 아름다운 생활

주님께 드리는
정감(正直과 感謝)기도

하늘을 우러러
한 점 부끄러움 없는
사랑의 교회 성도되게 하시고

생명의 불씨 꺼지는 그 날까지
감사와 은혜로 충만케 하시며

오직, 주님께서 주신
정감으로
일상을 호흡하며
살아가게 하소서

우리 주
예수 그리스도 이름으로
기도 드립니다
아멘.

* 사랑의 교회 「정감지」에 게제됨.

그 안에 휴(休)

‘내가 너와 함께 한다
강하고 담대하라’
늘 말씀하시는 주님

오직 기도와 간구로
‘기도의 잔’ 을 채우라고
알려 주십니다

내가 병들었을 때
주님은 건강하게 하사
치유의 은사 주셨고,
고통과 슬픔에 빠졌을 때
내 영혼이
주님 은총으로 소생했습니다

나는 충직한 주님의 종으로
남은 여생 살아가기로 작정했습니다

오늘도 주님 앞에 조용히
무릎 꿇습니다.

인연 - 아름다운 노을

비취빛 갈을 하늘 손짓하는
코스모스 길을 걸으면
문득 그대가 생각납니다

언제나 해맑은 웃음, 잔잔한 미소로
우리 곁에 머무시는 그대
오직 외길, 약사의 길 걸으며
약국 찾아오는 아픈 인연들을
소중하게 고쳐주신
그 사랑, 바다처럼 넉넉합니다

험한 세상의 파도 잠 재워가며
신사임당 길 걸으셨고
삼산사랑방 카페에
쏟으신 그 열정으로 지금
삼산사랑방이 현존하고 있습니다

일상의 바쁨 뒤로하고
일산 노인종합복지관에서
컴퓨터 교육 봉사로 헌신하는
그대의 손, 해같이 빛납니다
그대는
우리들의 노블레스 오블리주!

눈부시게 빛나는
아름다운 인생의 노을입니다.

* 일산 이순자님을 생각하며

경춘선 열차 안에서

내 몸은 열차
푸른 호반 춘천을 향해
동화같은 열차는 달린다
콩나물 시루처럼 열차는 만원
남녀노소 모두 웃음 날리며
마냥 흥겹다, 지금
번민도 잠시 잠 재우고
하루치 삶도 내려놓자
그래 웃자
마냥 웃어보자
박꽃같은 웃음 굴리며
행복실은 열차는
춘천을 향해 열심히 제 몸을 재촉하고…

훗날에

벚꽃 만개한 석촌 호숫가
그리움 출렁인다
그대와 나
바늘과 실처럼 하나되자 했었지

세월의 강 빨리 흘러
삶의 방향 서로 달랐던 우린
수많은 시간 속에서 길을 잃었지

그대는 주행했고
나는 샛길로 접어들었어
프로이드 길로

돌이켜보면
지난 시간들, 모두 추억이야

사랑이란 것도
미움이란 것도
목에 차오르는 안타까움이기에
그래서 더욱 슬픈 그리움이야

지금 석촌 호숫가엔
벚꽃 유난히도 소봄소봄 피었는데
고왔던 추억은
한 겹
한 겹

꽃잎처럼 옷 벗고 있네.

고백

하얀 백자위에 세월을 그린다
고운 유채색으로 희망을 그리고
회색같은 번뇌도 그려본다

우리네 삶
바람 한 점 없는 맑은 날도 있고
파도치는 날
태풍 휘몰아 치는 날도 있었으리

눈보라 속에서는
오직 봄날 기다리며
긴 소망, 가슴에 안고
시계추처럼
그렇게 의연히 살아간다

우리는 매일
매일
하얀 백지위에 또 삶을 그린다.

미뉴에트 춤 - 눈이 내리네

흰 패랭이 꽃 닮은 눈이
펑펑 내린다
세상의 고단한 지문을 지우며

주먹만한 눈이 군무를 펼치는
이런날이면
사랑하는 사람과
창 넓은 찻집에서 커피잔 마주하고 싶다

온 산하를 하얗게 물들이고 있는
순백 미뉴에트 춤이여!

혈관 마디마디에다 순결을 담아
허공을 황홀하게 누비는 그대 영혼

오늘
설화 만발한 내밀한 곳에서
하얗게 밤을 지새우고 싶다

순환의 기억, 무성한 가슴에
그대는 하얀 사랑이 되어
흰 패랭이꽃으로 내린다.

까치의 노래

늙은 소나무 가지 끝에 앉아 있는
건강한 햇살
까치등을 어루만진다
까치가 수선스럽게
제 몸을 통통거리며 아침체조한다
까악
까아악
언제부터인지는 모르지만
깊은 외로움이 가슴을 파고들면
나와 동행하고 있음을 알려주던 너
오늘
아침은 맑고 청명하다
피아노 선율처럼 열리는, 산사의 아침
그리고 달달한 너와의 동행

아침은 열리고
저 멀리서 들려오는
스님 독경소리 교교하다.

축시 - 그대 안의 새

하얀 여백에 꽃을 피웠습니다
젊은 날의 그리움을 수놓은
촉촉한 언어의 울림입니다

천년을 하루같이 견뎌낸 바위처럼
스쳐 지나간 세월
그 심연(深淵)의 기억이
그대 안의 새를 불러내고
비취빛 꿈도 끌어내어
싱그러운 빛으로 되살린
언어의 미학입니다

그대여
허기진 고독마저 아우르는
언어의 참 조련사가 되어
봇물 터지듯한 그대의 환희
청아한 노래로, 활자로 빛납니다

산정높이 서 있는 하이에나처럼
정상을 향한 그대 힘찬 날갯짓
지금
안온한 언어의 탑으로
차곡차곡
쌓여갑니다.

*「일산 에세이」 3호 동인지 발간을 축하하며 쓴 축시

매화 - 사랑은 봄꽃처럼

설화속에서
봉긋 틔운 분홍꽃망울
퇴계 선생, 두향
인연진 자리마다
지독한 사랑 에돌다 에돌다
천 년 매화로 피네
매화로 피네.

걸어서 하늘까지

사랑이여
오래 머물다간 사랑이여
우리는 무엇이 되어 다시 만나랴

긴 겨울의 터널을 벗어난
청아한 봄볕으로 다시 만나랴
돌돌돌 구르는 계곡 물처럼
한 몸 되어 다시 만나랴

천상에 계신 사랑이여
샘물처럼 솟는 그리움이여
우리, 눈보라 속에서도 영원히 피는
자유한 바람 되어
그리움 공유한 그 곳으로 가리
추억을 만지는
찬란한 바람으로 다시 태어나

하여
천년의 사랑으로
만 년을 엮는

그 바람이 되어 다시 만나리.

2018. 3. 17. 혜화동에서

제3부

찻잔앞에서

벚꽃 지던
봄의 향기여
밤
사랑법
찻잔 앞에서 - 현대시조
촉석루에서 남강을 바라보며
말복풍경
그리움 · 1
그리움 · 2
아! 3 · 1절 함성이여
해야 솟아라
예성이 · 예나
코스모스
거울 앞에서
15일간의 사랑

벚꽃 지던

사랑스런 여인 닮은 그대여

봄날에 호접호접
나비처럼 오시더니

달빛지던 그 밤에
내가 다시 나, 되던 그 밤에
그대 미소뿌리며 떠나고 있네

꽃잎 진 자리마다
이별 새겨놓고
그대 춤추며 낙화하고 있네

별이 유난히도 총총하던 그 밤에
하냥 머물지 않고
섬진강 백리 꽃 길 들리러 떠난다네
저 수려한
연분홍빛 떨림이여…

봄의 향기여

임의 향기 닮은 봄이 왔어요
온 산엔 분홍 분홍
진달래꽃 피고

들에는 노랑 노랑
개나리꽃 피었어요

내 마음은 풍선처럼
하늘 하늘 오르고
여기서 뻐꾹
저기서도 뻐억~꾹
따스한 임의 음성 들려오네요

아지랑이 헤치며 찾아온 봄날
사랑이여 임이여
영원한 사랑가를 불러요

꽃 대궐 차려진
이 봄날에.

밤

알몸으로 다가오는 어둠
적막이 익어가는 밤이다
망각의 시간 쌓였다 흩어지고
마지막 불빛을 토해내는 아픔
잃어버린 웃음의 상처, 꿰매고 있다

이만큼 밀려왔다
어둠 속으로 물러앉는 침묵의 빌딩 숲
발길에 채이는 네온싸인 빛
쉬임없이 도시를 조각한다

칭얼대던 낮의 애환
뜨거운 가슴으로 안고
달빛에, 눈물 글썽이는 적요마저
보듬은 채

밤은 신록처럼 쌓이는 잠을 털어내며
밀려오는 여명
온 몸으로 막아내고 있다.

사랑법

헤픈 입술로는
말하지 않으리

긴 동면의 시간 견디며
인내로 승화시킨
목련의 미소처럼

그 하얀 미소를 담아
그런 자태로 사랑을 빚고

그대와 나
잘 익은 눈빛으로
어화둥둥
사랑가 부르리.

찻잔 앞에서 - 현대시조

영혼을 우리는 시간 환해지는 찻잔속에
맑은 향 여린 잎새들 그리움이 곱게 피어
별 하나 기억을 끌고 적셔오는 너의 모습

희망도 절망도 내려놓은 세월 앞에
햇살을 몸에 품어 빈 방 가득 떠있으면
애련이 운무로 일어 달빛같은 차되네

한 모금에 율을 걸고 또 한모금 그를 담아
여백에 묵화치듯 차향에 젖는 하루
입술에 달이 떠온다 솔바람이 지나간다.

* 제 11회 사람 이병기 시조시인 추모 전국 시조 현상 공모에서 〈장원〉 작품

촉석루에서 남강을 바라보며

잊혀진 세월 기억하리
햇볕의 자맥질 또한 사랑하리

비 바람 천 년
그 천년을 지켜온
산 역사의 증인
오늘도 남강물 도도하게 흐른다

우리
더불어 온 힘으로
하늘 끝부터 훑어 내려온
사무친
고향 그리움, 그 흙내음!

탁 벌린 가슴으로 우릴
안아준다
다독여준다
그대 남강은…

햇살 퍼지는 아침과
뭇 별이 열리는 밤마다
해묵은 논개의 전설 반들반들 닦고
새 전설 하나하나 만들어가는

하여
세월에 부대껴
봄날 잃어가는 우리 가슴에
그대는
산 같은 희망으로 가다온다

오!
언제나 젊은 그대
내 고향 남강이여.

말복 풍경

오늘따라
가슴 풀어헤친 하늘이 높다
복날 끝자락 말복
양념 오밀조밀 곁들인
삼계탕 한 그릇 벗 삼는다
보글보글 뚝배기 안에서
전복, 수삼, 당귀, 대추, 밤은
이마에 고인 땀 닦고
속이 꽉 찬 익은 찹쌀밥, 벙긋 웃고 있다
우리에게
효를 다하고 있는
하여
말복에 건강을 선물해주는
그네들이 미쁘다
뜨거운 김 후후 불어가며
한 입 한 입 넘겨보는
한방 삼계탕 진한 맛이여!
기(氣)가 살아난다. 이열치열이다.
저물어가는 말복을 전송하는데
허공에 걸린 낮달, 싱긋 웃는다.

그리움 · 1

내 삶의 갈피에
침전되어 있는 아린 잔영(殘影)이다.
지우면
지울수록 더욱 선명해지고
추억을 야금야금 갉아먹으며 살아있는

다이아몬드 빛 같은 것
불멸의 꽃 같은 것.

그리움 · 2

그대
그리움이여
영원히 마르지 않는
강물.

아! 3 · 1절 함성이여

기미년 3월 1일 정오
삼천만이 하나되어
마음의 뇌관에
불붙었던 그 날

손에 손에 태극기
밀물같이 터진
대한독립만세 함성

하늘은 푸르고
백두산 더 높고
한강물 다시 흐르던
생명의 그날은 살아있다

새 역사 새 빛으로
웅비하는 조국
통일의 그날까지
3 · 1 정신
영원히 빛나리.

해야 솟아라

절망의 늪을 헤치고 해야 솟아라
정(情)이 상실된 오늘 일지라도
해야
나의 해야 솟아라
이제는 뚝 끊긴 음성이지만,
내일이면 다시 폰 속에서
사랑으로 감전된 언어가
너와 나의 마음을 따뜻하게 감싸줄테니…
무심한 시간 흐르고 흘러
달도 지고 별도 지고 굴곡진 삶도 흘러가고 있다
통한, 그 삶의 노래가 귀를 때리지만
그래도 일상은 아픔 속에서도
꽃 향기 가득한 꽃차를 끓이라고 한다
어제의 어제는 아플지라도 웃어라 한다
슬픔을 승화시키라고 한다
눈물이 마르도록 해야 솟아라
나의 해야 솟아라.

* 병원에서 쓴 졸시

예성이 · 예나

주님께서 주신 귀한 선물이다
눈에 넣어도 아프지 않은
외손자 예성
외손녀 예나
머리에서 발끝까지
모두가 사랑
태어난 지 엊그제 같은데
올 3월이면 초등 2년생 예성
예나는 입학하는 우리들은 1학년

나의 기쁨
나의 희망, 설레임이다
슬기롭고 건강하게 자라서
이 나라의 큰 일군되어라.

코스모스

시골 들녘
맑은 소녀 환한 미소가 피었네

가녀린 몸매
우수에 젖은 눈빛으로
높은 하늘 허공속으로
도미솔 화음 날리며
청초한 그대
수직으로 높은 음 찍고 있네

가을바람 포옹에 낯붉히며
수줍은 미소로 살랑거리네
오!
눈부신 소녀
그대 가냘픈 몸짓
가을을 노래하네.

거울 앞에서

길게 몸이 아프면서
조금 일찍 철 들었다

요즈음 나는

기도드리며
감사드리며
완전히 비우며
겸손하게
모두를 사랑하며 살아가고 있다

조금 일찍 철 들었다.

15일 간의 사랑

인적 드문 외딴 곳에 외롭게 핀 코스모스
분홍, 하양, 자주꽃을 우리집
식탁 위 화병에 담았다

집에 온 꽃 몸을 움츠린다
생수로 쉼터 마련해 주며
목을 세워 주었더니
낯선 풍경에 어리둥절, 눈만 깜박인다
두어 시간 후 몸 추스린다 꽃은

TV도 보고 식사 모습도 보면서
한 식구가 된 코스모스 꽃
하루 세 번 물 갈아주며
까르르 꽃 웃음소리 듣는다

보름째 되던 날 코스모스는
여덟 꽃잎 소망을 접으며
내년에 다시 만나자는 약속을 하고
눈 감았다
애틋한 15일간의 사랑이었다.

제4부

영덕앞바다

한강야경

영덕 해맞이 공원에서

대구일보 〈칼럼〉 '빛과 사랑'의 에너지

그 섬에 가고 싶다

가을의 노래

동행

봄날 愛

연포 갯벌 · 1

연포 갯벌 · 2

큰 바위 얼굴을 바라보며

시간 속에다 봄을 담으며

영덕 앞바다

봄이 오는 소리

장마

바람이고 싶다

한강 야경

강물에 뛰어든 가로등 불 빛
비단처럼 곱다
쉼표 찍으며
불빛은
더운 가슴 식히고 있다

고층 아파트 불빛마저 상념에 젖는 밤
무수한 별들은 강둑에 앉아
오늘 이야기 소곤거리고

자동차 굉음 외면한 채
강!
깊은 한강은
바다처럼 교교하게 흘러간다

어둠을 보듬은 생명의 젖줄이여
힘차게 흘러 흘러
그대 영원하라

잔인하도록 아름다운
밤의 한강이여.

영덕 해맞이 공원에서

해맞이공원에서
장엄한 일출을 바라봅니다

여러해 전
산불로 버려졌던 땅에
다시 젖과 꿀이 흐르고
생명의 울림으로 거듭난
해맞이공원의 달디 단, 역사를 우리는 잘 압니다

열린 가슴과
땀방울 맺혀있는 손과 손
아직 뜨거웁기에,
쪽빛 출렁임에서 건져올리는
해조음, 향기롭습니다

살오른 대게, 물 속 숲을 이루고
갈매기의 힘찬 날갯짓
바다 경전(經典)을 펼칩니다
파도와 날숨같은, 파고라와 파고라
자연이 그대로 숨 쉬는 찬연한 창포리엔
갯내음 덮은 가을이 영글고 있습니다

아! 삶의 여정에서 짬짬이
어둑발같은 터널 만나시거든
오세요, 어서 해맞이공원으로 오세요

우리에겐 삼백 예순날
영원한 쉼터가 될 것입니다.

대구 시평(時評) - '빛과 사랑의 에너지'

새로운 '시작' 의 중요성을 가장 간명하게 잘 나타내고 있는 말 가운데는 독일의 속담을 들 수 있을 것 같다. '최초의 단추를 잘못 끼우면, 최후의 단추를 처리할 수 없다.'

이런 시작 가운데 빼놓을 수 없이 중요한 시점으로 바로 새로운 시작인 '새해' 를 꼽을 수 있다. 많은 포부만이 강조되는 경우가 적지 않다. 그러나 우리에게 정작 중요한 일들은 사소한 데서 비롯되는 경우를 많이 접하게 된다. 한 조그만 씨앗이 하늘을 찌르는 거대한 수목이 되는 이치를 말이다. 한 알의 씨앗이 주는 교훈적 이치와 함축성에서 본다면, 새해를 맞아 큰 포부나 소망 못잖게 작은 꿈과 소박한 바람을 갖고 우선 부단히 노력해 보는 것도 큰 것에 못지않은 성취를 얻는 경우가 허다하다. 누구나 좌절과 절망의 낭떠러지에서 받게 되는 충격은, 그 낭떠러지의 높이와 정비례한다는 평범한 사실을 감안하면 더욱 그러하다.

칼라일은 '괴테의 죽음' 이라는 자신의 글을 통해 "불이 빛의 시작이듯, 사랑이 곧 지식의 시작이라고 적고 있다. 칼라일의 이 말 속에서 우리는 두 개의 친숙하고도 일상적인 어휘와 만나게 된다. 즉, '빛' 과 '사랑' 이라는 평범한 낱말이다. 이 세상에 존재하는 모든 진리와 지식에 이르기까지 빛과 사랑이 내재하지 않는 것은 없다. 빛과 사랑이 없는 진리나 지식은 물론 우리의 갖가지 생활과 삶도 이 두 개의 낱말을 제하고는 그 어떤 가설도 설정 될 수가 없으리라. 그리고 사랑 이것은 인간과 자연계에 이르기까지 최상의 근원이요 최고의 가치요 에너지이기도 하다. 2019년 새해 새아침의 동트는 날빛은 우리에게 새로운 기대와 꿈을 안겨주었다.

한 해의 시작이 새아침에 있다면, 지금 우리가 맞이하는 새아침 역시 새로운 '시작' 임에 틀림이 없다. 새로운 시작의 새해를 맞으며 거듭 살펴보고 눈여겨 볼 일은 '빛과 사랑' 을 지우거나 가리는 일을 결코 방관해서는 안 되는 것이다. 가정에서나 이웃에서 그리고 사회와 나라의 일들에 이르기까지 빛과 사랑의 에너지가 충만하다면, 우리의 일상적 생활은 물론 개인의 삶에 도 풍요로움이 가득하리라 본다.

〈대구일보 칼럼〉

그 섬에 가고 싶다

울적한 마음이
풍선처럼 피어오르는 날에는
그 섬에 가고 싶다
통통배에 몸을 싣고
겨울 갈매기 날갯짓을 보며
배 난간에 부서지는 파도와 함께
그 섬에 가고 싶다
간간이 몇 점씩 뿌리는
겨울비를 머리에 이고
섬 향기에 취하고 싶다
쏴아~쏴아 파도소리, 갈매기 울음소리
바다의 교향곡이 되어 귓전을 수놓는다
낭만 가득한 바다에 취해, 섬 풍광에 취해
추위도 잊은 지금, 저기 섬이 보인다
동백꽃 만개한 섬이 손짓한다
눈에 익은 횟집 간판도
구릿빛 얼굴 아낙의 웃음도 정답다
삶이 버거워, 지친 우리에게

치유의 삶을 선물해 주는
망망한 바다여, 그대 섬이여!
젊은 파도처럼 그대 푸르거라
등대 앞을 지나는 뱃고동소리 건강하다.

가을의 노래

저 산 휘돌아
드러누운 채마밭
끝자락의 여름을 등 떠민다

햇살이 놀다간
잎사귀마다
선명하게 촬영된
땀띠났던 기억

잎새마다
한 장
한 장
삼복을 지우는데

마당으로
쑥
가을산 들어온다.

동행

종일
흔들리며
부대끼는 삶 일지라도

둘이
하나되어
함께 가는
오랜 반복의 여정

어느새
그리운 것들
조금씩
닮아가고 있었다.

봄날愛

매화가 피었다
바람에 꽃잎이 진다
산수유가 피었다
비바람에 하얗게 진다
피는 것도 지는 것도
바람이 아니다
세월이었다
무심한 세월이었다.

연포 갯벌 · 1

모래알처럼 부서져 내리는
햇빛 가득한 날
다리를 쭉 펴고 갯벌이 누워있다
바닷바람을 먹으며
달달한 휴식을 취하고.
아무것도 담기지 않은
눈을 번쩍이며
풋풋한 상념에 젖어있다
물 빠진 지금
단단한 고독을 음영처럼 드러내며
바지락을 캐러 올 아낙을 기다린다
오래 햇빛이 고인
그 몸의 윤곽을 휘적이며
바지락 캐러올 아낙을 기다린다
갯벌은…

* 연포갯벌: 서해안에 속하는 충남 연포에 있는 갯벌이다.

연포갯벌 · 2 - 바지락

하늘에서 눈부신 햇빛 꽃잎들이
분분(芬芬)히 떨어져 내린다
갯벌이 숨을 쉰다
갯벌속에서
옅어진 잠을 떨쳐내며
바지락은 낮게 웃음 짓는다

청류(淸流)한 갯벌바다
아낙의 호미가 갯벌을 훑는다
갯벌위로 숨을 쉬며
바지락은 바닷물을 길게 내 뿜는다
제 위치 정확히 알려주며
정조준 당한 그는
아낙의 손에 의해 바구니에 담긴다

바닷가재, 게, 소라, 망둥이, 갯벌 속 낙지, 해조류의
친구들과 이별을 고하며
아낙에게 몸을 맡긴다

해 거름에 해물칼국수집을 향해서
여행길에 오를 이유도 모르는 체
바구니 속에서 휘파람을 불고 있다

또 길게 물을 내 뿜는
연포갯벌 바지락.

큰 바위 얼굴을 바라보며

천년을 살아도
어제가 오늘 같고 오늘이 어제 같아라

산 중턱에 있는 큰 바위를 보라
보아주는 이 없어도 어디에선가 찾아올
등산객을 기다리며
누년(累年)의 뭉친 가슴 달래고 있다

풍진 세상 뒤로 한 채
비바람, 눈보라에도 꿈쩍 않고
찌는 듯한 더위, 모진 풍상에도
오직 하늘 향해 꿈을 사르며
말없는 침묵으로 오늘을 살고 있다

지나가는 소슬바람에게 쉴 자리 내어주고
지친 등산객에게 앉을 쉼터를 마련해 주는
저 큰 바위의 배려!
시집(詩集)속에 저며 넣은 음악 같아라
오직 영원한 묵연(默然)으로
천년을 사는 바위
마음을 동여매고 늦가을을 두르고 있다.

시간 속에다 봄을 담으며

앞 산을 건너오는 바람
봄 체온과 함께 걸어온다
봄을 가슴에 안고 있는 설산에
그리움 올라 앉아있다

겨우내 땅속에서 몸을 웅크리고 있던
민들레, 쑥
벼랑 지나는 돌 틈마다 핀 나도풍란
언 땅을 비집고 나와 꿈을 펄럭인다
고단한 지문들이 살아
겨우내 언 몸을 풀고 나부낀다

시간속에 봄을 담으며
'상처없는 영혼 어디 있으랴' 읊었던
알뛰르 랭보 시구를 생각해 본다.

영덕 앞바다

억센 소나기가
훑고 지나간 바다
영덕 앞 바다에
비에 젖은 태양이 웃고 있다

춤추고 있는 젊은 파도는
바람의 무게를 정하며
하얀 이를 드러내고
시간을 톱질하고 있다

뭍을 향한 그리움을
처얼~썩 철썩
파도소리로 달래고

햇살이 밝게 꽂히는
고독한 절벽을 향해
심장의 푸른 고동소리
산처럼 쌓는다

바다의 파도는…

봄이 오는 소리

경칩을 지나
남녘에서 불어오는 바람이다
그 바람이다
햇볕은 바쁘게 체온을 실어나른다

겨우내 야윈 몸에
약간의 체중을 실으며
바람은 회색빛 털옷 벗는다

남쪽에서 걸어오는 봄
동면에서 깬 언 당에
솜사탕같은 가슴을 부비며
'일어나라'
'어서 깨어나라' 고
언 땅을 재촉한다

마당에선 동네 아이들의 웃음소리
떽데구르 구르고.

장마

햇살이 그리운 날이다
어머니가 그리운 날이다

'어둠 속에서 광명을 보았다' 고
노래한
헬렌 켈러가 생각나는 날이다.

바람이고 싶다

무욕으로
무명으로
윤회로 거듭날 적에
나 바람이고 싶다

나래가 없어도
하늘로 비상하는
바람이고 싶다

젊은 날 한 때
그 푸르렀던 눈부심을 만나고
그리움에 가슴 태우던
먼저 간 사랑도 만나리
나 언제 어디로 가든

사랑도 만나고
미움도 만나고

눈으로 보이지 않는
바람으로 만나리.

제5부

백두산

트레비 분수

괌, 사랑의 절벽

마나가하 섬

빅토리아 피크

오사카 맛의 도시

자금성에서

백두산

마젤란 해협을 건너며

파리의 낭만

가을이 열리다

단풍 절정

아리 아리랑

청계천에 가면

화도읍 마석 장날

이제야 사랑인 것을 - 가곡시

트레비 분수

낯선 곳에서 주문을 외운다
그리움의 무게만큼,
네게 향하는 열정을
은빛 동전에 실어던진다

생을 등에 업고
물 속으로 질주하는 동전
이방인에게 속내를 숨긴다

제 몸 안의 슬픔 또 한번 벗겨지고
슬픔은 설렘으로 다시 빛나

실눈을 뜬 채 물속에 누워
현란한 빛을 주섬주섬 줍고

허락된 자유만큼 포물선을 그리며
물 속에 가라앉는 또 다른
은빛 동전.

괌, 사랑의 절벽

슬픈 사랑의
전설을 간직한
'사랑의 절벽' 은 감미로워라
차모르 추장
아름다운 딸과 연인이
이루지 못한 사랑때문에
다시 환생해

사랑의 절벽
전망대 옆에 있는
'사랑의 종' 을 치며
영원한 사랑을 맹세하고 있네

해 질 무렵
해변과 숲이 잘 어우러진
사랑의 절벽 언덕
아름다운 절경이여…

마나가하 섬

남태평양의 작은 섬
사이판 진주로 불리는 산호섬
여기가 파라다이스
8월이라 건기로
천혜의 자연을 누렸던 섬
정원을 걷듯
바닷속을 걸으며 열대어와 발 맞췄던

바다의 끝과 하늘 끝을
분간할 수 없는 푸르름 속에서
내리쬐는
저 태양의 광활함이여

에메랄드 빛 바다
그리고 우리 사랑
바다와 하늘이 다 예쁘고

섬을 둘러보는데 15분
마나가하! '쉬어가라' 는 뜻
쉬어가는 섬
마나가하 섬.

빅토리아 피크

홍콩의 대표적인 관광지다
명물인 2층 버스를 타고
빅토리아 피크에 올라와
홍콩의 전경에 취해
환희를 맛보았던 곳

아! 잊지못할 스카이라인이여
아름다운 항구여

다시 해 질 무렵
볼 살 애무하고 다가오는
바람을 사냥하며

120살이 된 피크트램 케이블 전차를 타고
빅토리아 피크에 올라 내려다 본

안개 걷힌 황홀한 홍콩 야경은
영원히 잊지 못할 추억.

오사카 맛의 도시

오사카에서의 먹거리
빠질 수 없는 즐거움이다
오사카 난카이센 난바역과
신사이 바시역 중간에 위치한

아! 도톤보리
그곳에서 맛보았던
다코야키와 신선한 스시 일품이었으리
따끈한 우동의 깊은 맛
지금도 입가엔 군침 돌고

모든 먹거리와 만났던 이곳
늦은 저녁 시간까지 상점들이 문을 열고
관광객 맞고 있으니

다음에 올 때는
이곳에 꼭 숙소를 정하리.

자금성에서

북경 자금성에 왔다
명나라와 청나라 때 궁전이다
890채나 되는 궁전의 거대한 규모,
오백년 이상 24대 황제가 살았다는
수많은 스토리 살아 숨쉰다
역시 중국은 제국이다
태화전 궁정 바깥쪽에 화재 방지용, 물 저장고인
둥근 금 항아리며
황제의 상징인 머리가 9개 달린 반 부조로 된 용,
황제가 거닐었던 이화원 큰 정원
신령스런 거북, 학, 금박을 입힌 용, 거대한 사자
조각상이 많았으니
황제와 제국의 영원을 기원했으리

마지막 황제 푸이가 세 살에 황제로 등극해서
끝맺음을 했던 곳
아! 자금성
이 곳의 영화가
세월의 무상함 알려주고 있었으니…

백두산

엎드린
짱짱한 숲은
하늘 한 장 들고 있었다

한반도에서 가장 높은 산

깊은 가파름이
칼날처럼 서있는
웅비한 장백폭포
파르르 떨려오는 환희
온 몸으로 담으리

무심한 저 세월은
아픔으로 익혀진 그리움을 토해내며
천지 위를 서성이고

천년 비경에 묻힌
백두 둔덕에
붉은 햇살이 포효하며
몸을 풀고 있었다.

마젤란 해협을 건너며

바다가
이토록
아름다운가를 이제 알았네

태평양과 대서양을 잇는
수심이 가장 깊은
육지의 낭떠러지

그 해협의
퍼런 등판 위로
파도소리 업혀 흔들리고
불덩이 같은 바람도 쉬어가네

종일 익은 태양, 웃고가는

푸르다 못해
시퍼런 살 드러내며
쟁반 끝처럼 둥근 수평선이
다홍빛으로 곱게 물든다

아! 지구는 둥글다.

파리의 낭만

센강을 거닐면
첫사랑 설레임 같은
황홀함에 젖는다

고흐가 있고
로트레크 화가의 빛나는 손
아직 가슴에 있어

파리의 밤은
레드와인 빛깔
그리움으로 핀다

포도송이처럼 주저리 열린
헤아릴 수 없는
추억 떠 다니고

노트르담 대성당
순교자의 숨결, 아직 뜨거웁다

별빛도 술래잡기 하는 밤
그 별빛 속에서
잊혀진 사랑을 다시 생각나게 하고…

가을이 열리다 - 하늘 공원에서

화알~활 타올랐던
여름 추억을 지우며
갈색 향연으로
억새 위에 앉았네

굿거리 장단 율동으로
때론 휘모리 장단의 울음으로
하늘공원에서
그대 숨을 고르고

이제
제 삶의 전부를 비우는, 겸손함으로
가슴에 여울지는
큰 산 같아라

시계추같은 내밀함으로
일상의 쉼표로 되돌아 온
가을빛 그대 마음

하늘 하늘
가을 사랑 조각하고 있네.

단풍 절정

한 겹 한 겹 불타오르는
열정이어라

사랑의 신열을 앓는
뜨거운 목마름이어라

온 산하를 물들이는
붉은 함성이어라.

아리 아리랑

아리랑 아리랑
아리 아리 아리랑
백두에서 한라까지
아리 아리랑

아리랑 쓰리랑
쓰리 쓰리 쓰리랑
한라에서 백두까지
사랑고개 넘어간다

떠나는 임도
보내는 임도
정을 두고 사랑두고
아리 아리랑

아리랑 고개를 넘어간다.

청계천에 가면

중병을 앓던 청계천이
건강한 허파로
우리곁에 돌아왔네

피돌기 잘 된 산뜻한 얼굴로
청계천 다시 살아났네
천변의 물길 따라
물고기 떼 아름답게 헤엄치고
청계천을 찾는 많은 사람들에게
자연 한 아름 선사하네

잠시 옛 시절로 돌아가 보네
눈 감고 가슴을 크게 열면
아낙네들 빨래하는 소리 들려오고
아이들 송사리떼 쫓는 소리
멱 감는 소리 들려오네

유리알처럼 맑은 물 흐르는
청계천이 웃고 있네

명소를 찾은
우리 행복도 웃고 있네.

화도읍 마석 장날

하늘도 높은 사월 초사흘
경춘선 다리 아래 마석장 서다
아침부터 해질녘까지
장터는 인산인해
모인 객들로 부산하고
푸짐한 먹거리, 정이 가득하다

서로 소식 전하며 웃고 또 웃고
뚝배기같은 아줌마가 말아주는
따끈한 국밥으로 허기 달래며
사랑 나누는 마석 장터

인심 후한 마석장에 오면
인정은 꽃피고
우리네 삶은 영글어 간다.

이제야 사랑인 것을 - 가곡시

당신이 그리운 날엔 강가로 갑니다
그대가 그리워 두 눈에 눈물 고이고
오늘도 갈대밭에 노을이 집니다

우리가 걷던 강가 풀섶에는
하얀 망초꽃 사운대며 웃고
당신의 환한 웃음이 아직 남아 있는데
가슴까지 차오르는 그대와의 밀어가

아~아 아~아 나 잊지 못해요
아~아 아~ 그대는 나 하나의 사랑인 것을.

* 신작시, 신작곡 행사에 발표했던 가곡 詩. CD로 만들어졌던 가곡 시. (작시: 손계숙, 작곡: 윤교생, 노래: 바리톤 김성일)

제6부

詩, 그대여

詩, 그대여

빈 가슴에 피는 연가

지금 우리는

햇살이 되어

친구

세월속으로 - 화엄

입춘풍경

농사짓는 자라돔

텃밭 일기

매미의 구애

첫눈 오는 날

詩, 그대여

나를 더욱 그대 가까이
다가가게 하시고

나의 이름에서도
시의 향기가 나게 하소서.

빈 가슴에 피는 연가

난생 처음 느껴보는 사랑이어라
소나기 뒹굴던 비에 젖은 원두막
내 마음 깊은 곳으로 다가오는 그대는
눈부신 생의 그리움 담는 호수 같아라

남몰래 나를 찾아온 사랑이어라
소나기 꽃잎처럼 진 자리마다
일곱빛깔 무지개로 피는 내 사랑은
봉숭아 꽃물처럼 물들어 가는데

아! 파문지는 분홍빛 향기여
등에 업혀 건너가는 개울물의 추억
난생 처음 느껴보는 사랑이어라
밝게 개인 하늘가에 핀 소나기 사랑.

* 제 6회 청소년을 위한 창작가곡 연주회 - 황순원 「소나기」 행사에 발표했던 가곡 詩 (작시: 손계숙, 작곡: 황덕식, 노래: 소프라노 김혜란)

지금 우리는

생이 뭐길래
하루치 삶도 내려놓지 못하나
지금도 아등바등
허영과 욕심의 늪을 유영하며
내일을 모르는 채 헤매고 있다
오늘이 가기 전에
뜨겁게 사랑하자
용서하자

우리는 내일을 모른다.

햇살이 되어

내 마음은 햇살
봄, 여름, 가을, 겨울
부모님 산소를 그리워한다.

친구

팽이처럼 바쁘게 돌며
삶을 유영하던 친구
전부의 삶을 내려놓았다

아픔 멈춘 채
영정 속에서
편안히 웃고 있다 친구가

사랑했던 시간도
행복했던 순간도
아팠던 긴 고통도
모두 속세에 묻고
이승과 저승 갈림길에서
이제 떠나려 하고 있다

'회자정리' 라 했던가
친구를 가슴에 묻는다

너무도 청아한 달빛이 춤추는 시간
슬픔만 다망다망
아픈 영정위에 앉는다.

세월속으로 - 화엄

그 곳에 닿으려면
여러 생애가 걸릴지도 모른다
긴 겨울 내내
풀뿌리에 숨어있던 뻐꾹새 소리
계절 마디마디를 치유해주는 햇살
미완의 시간 견뎌온
자연의 울림이었나니

필요한 것만 남기고
다 버린 몸에
인고의 껍질 벗고 부활하는
울창한 산의 냉정한 저항

여러 생애를 돌아 돌아
다시 만나는

우리는 대자연의 화엄이었나니…

입춘 풍경

레일을 운명처럼 삼고 달리는
경춘선에 몸을 실었다

차창 밖으로 펼쳐지는
입춘 풍경 정겹다
아직 잔설은 남아 있는데
양지쪽 봄풀 초록 옷이다

순한 짐승처럼 누운 저층 빌라
앞 마당에는
아이들 평화롭게 놀다

가난한 사람 마음을 데워주고
혹한을 밀어내는 봄은
따뜻한 희망이며 빛이다

남녘에서 날아온 매화꽃 소식
버들강아지 눈 뜨고
손으로 밀어내도 봄날은 오누나

발 시려운 물 속에 서 있는
왜가리 한 쌍
찬란한 봄볕을 쬐고 있다.

농사짓는 자라돔

'여보세요 허리 좀 펴요'
암초에서 농사짓는 자라돔에게 미역이 말을 건넨다.

바다 숨결을 타고
농사짓기에 땀 흘리는 자라돔이 미덥다
해저에도 올망졸망
꽃망울 터지는 봄 소식 가득한데
그 속에서 해조류를 기르고
구역정리 해가며 농사짓는다

어린 새끼 돌보랴
먹을 것 준비하랴
어미 노릇에 바쁜

어둠이 방울방울 떨어지면
다시마 사립문 활짝 열어젖히고
일터로 나가는 어미 자라돔

밭에 좋은 열매가 많이 달려 있어도
자기 것이 아니면
다 뽑아버리는 살아있는 양심!
그 염치있음에 가슴 뜨끔해져 오고

종종 사랑을 입는다
영혼을 데운다

입은 옷이 아름다운
수초속의 눈 큰 자라돔.

텃밭 일기

청아한 햇볕 가득한
한 평 남짓한 텃밭이다
올 봄 텃밭과 인연을 맺다
난생 처음 짓는 농사라
실수 투성인데
상추, 쑥각, 들미나리 예쁘게 자라고
풋고추, 토마토, 가지, 오이
조랑조랑 열려있는 텃밭
'농작물은 주인 발자국 소리를 듣고 자란다' 는
이웃 어르신 말씀

햇살은 웃고 있고
뭉게구름 쉬어가는 한 나절
잠시 틈을 내어
나는 부지런히 텃밭으로 향하고…

매미의 구애

맴맴 찌르르르
너는 요란하게 경적을 울리느뇨?
17년을 땅 속에서 침잠했던 너
지상 여행을 나와
오직 짝짓기를 위해
오늘도 짝을 찾는구나

도시 불빛때메
철없는 신세대 매미는
낮밤 없이 구애하고

숲에서 한 달 정도 달콤한 사랑 나눈 뒤
생을 마감하는 너

정해진 시간의 형틀 안에서
좀처럼 줄지 않는 사랑의 무게 안고
너는 눈 감는구나

맴맴, 찌르르르
혹독한 여름 끝자락 들었다 놓는다.

첫사랑처럼

살아 쉼젖은
매화목이
향으로 와서

살 속으로
내 살 속으로
파고드는 순결의 미학

떠남의
짧은 동행이 있는
미뉴에트의 입맞춤 이었다

손계숙 제4 시집
그 안에 휴

1판 1쇄 발행 2019년 1월 31일

지은이 손계숙
펴낸이 김재선
펴낸곳 예솔
주소 서울시 마포구 양화로 6길 9-24 동우빌딩 4층 예솔
전화 02-3142-1663(영업), 335-1662(편집) **팩스** 02-335-1643
출판등록 제2002-000080호(2002.3.21)
홈페이지 www.yesolpress.com **E-mail** yesol1@chol.com

ISBN 978-89-5916-758-6 03800